La Vasija Que Juan Fabricó

Por Nancy Andrews-Goebel

Ilustraciones de David Díaz

LEE & LOW BOOKS INC.
NEW YORK

La Vasija Que Juan Fabricó

POR NANCY ANDREWS-GOEBEL

ILUSTRACIONES DE DAVID DÍAZ

CRÉDITOS DE FOTOGRAFÍA
Fotografías de Mata Ortiz, "Puliendo la vasija", y última fotografía en el epílogo: Nancy Andrews-Goebel.
Otras fotografías en el epílogo: Michael Wisner. Las fotografías han sido utilizadas con el permiso de los fotógrafos.

LEE & LOW BOOKS Inc., 95 Madison Avenue, New York, NY 10016
leeandlow.com

Manufactured in China

Book Design by David Díaz
Book Production by The Kids at Our House

The text is set in Jericho and Gustav, created by the illustrator.
The illustrations are rendered in Adobe PhotoShop.

1 2 3 4 5 6 7 8 9 10 (HC)   (PB) 10 9 8 7 6 5 4 3 2 1
First Edition

Library of Congress Cataloging-in-Publication Data
Andrews-Goebel, Nancy.
[Pot that Juan built. Spanish]
La vasija que Juan fabricó / por Nancy Andrews-Goebel : ilustraciones de David Díaz :
traducción de Eunice Cortés.— 1st ed.
p. cm.
Summary: A cumulative rhyme summarizes the life's work of renowned
Mexican potter, Juan Quezada. Additional information describes the
process he uses to create his pots after the style of the Casas Grandes people.
Includes bibliographical references and index.
ISBN 1-58430-229-1 (hardcover) — ISBN 1-58430-230-5 (paperback)
1. Quezada, Juan—Juvenile literature. 2. Pottery—Technique—Juvenile literature.
[1. Quezada, Juan. 2. Potters. 3. Spanish language materials.] I. Díaz, David, ill. II. Title.
NK4210.Q49A8718 2004   738'.092—dc22   2003015171

Si desea más información sobre La vasija que Juan fabricó visite leeandlow.com/books/juan.html

para

Ron, quien nos llevó a Mata Ortiz

—N.A.

para

Cookie

—D.D.

Ésta es la vasija que Juan fabricó.

Juan Quezada nació en Santa Bárbara Tutuaca, México, en 1940. Cuando apenas tenía un año de edad su familia se trasladó a Mata Ortiz, un pueblo de caminos polvorientos y casas de adobe en las desprotegidas planicies de Chihuahua. Fue allí donde Juan redescubrió el proceso de alfarería de la cultura de Casas Grandes, que desapareció de esa región de México hace seiscientos años.

Son éstas las llamas que nunca están fijas
que crepitan, titilan y cuecen la vasija,
la hermosa vasija que Juan fabricó.

Juan se convirtió en un alfarero profesional en la década de los setenta. Antes de eso trabajó como granjero, ferrocarrilero, jornalero agrícola, incluso como boxeador: nunca le tuvo miedo al trabajo duro. Se siente orgulloso de utilizar métodos antiguos y materiales naturales en la fabricación de sus piezas de alfarería. Juan enseñó a ocho de sus diez hermanos y hermanas y a muchos de sus vecinos a hacer vasijas. Cada uno desarrolló su propio estilo. El descubrimiento de Juan hizo que Mata Ortiz se transformara de un pueblo arruinado de trabajadores mal pagados en una próspera comunidad de artistas.

Éstas son las vacas de color marrón y blanco
que dejan estiércol por todo ese campo,
que aviva las llamas que nunca están fijas
que crepitan, titilan y cuecen la vasija,
la hermosa vasija que Juan fabricó.

Juan cuece sus piezas de alfarería en la forma tradicional: aprovechando el estiércol de vaca como combustible. Reúne el estiércol en los pastizales de los alrededores donde pasta el ganado. Haciendo experimentos, Juan aprendió que el estiércol de las vacas que comen pasto, y no alimentos comerciales, se quema a la temperatura ideal para convertir sus vasijas de barro en obras de arte perfectamente cocidas.

Éste es el mechón de cabello humano
que forma el pincel que pintará a mano,
la hermosa vasija que será admirada
una vez que al fuego haya sido horneada,
en las vivas llamas que nunca están fijas
que crepitan, titilan y cuecen la vasija,
la hermosa vasija que Juan fabricó.

Juan produce sus pinturas a partir de minerales locales como manganeso negro y óxido de hierro rojo. Fabrica sus pinceles con cabello humano. Dice que algunos de sus mejores pinceles son de cabello de niño, especialmente el de su nieta. Como se necesita muy poco cabello para hacer un pincel, a nadie le importa regalar a Juan un mechón para que diseñe una vasija.

Éstas son las rocas que de la montaña
a lomo de burro se bajan con maña,
para hacer colores y pintar a mano
con pinceles hechos de cabello humano,
la hermosa vasija que será admirada
una vez que al fuego haya sido horneada,
en las vivas llamas que nunca están fijas
que crepitan, titilan y cuecen la vasija,
la hermosa vasija que Juan fabricó.

Cuando tenía doce años, mientras traía leña de las colinas en su burro, Juan encontró
sus primeros tepalcates. Eran pedazos de vasijas rotas de la antigua ciudad de Paquimé,
cultura de Casas Grandes, localizada a veinticuatro kilómetros del actual poblado de Mata
Ortiz. Los tepalcates inspiraron a Juan para crear algo similar. Aun cuando nunca había visto
trabajar a un alfarero, Juan comenzó a experimentar con materiales locales. Su madre
dice que, debido a sus experimentos con minerales y barro, siempre andaba
cubierto de polvo de diferentes colores.

Ésta es la herramienta de hueso tallado
con que a la vasija se da el terminado,
con sereno oficio, con calma, sin prisas,
para hacerla tersa, tan suave, tan lisa,
y así los colores pintados a mano
con pinceles hechos de cabello humano,
embellecen la vasija que será admirada
una vez que al fuego haya sido horneada,
en las vivas llamas que nunca están fijas
que crepitan, titilan y cuecen la vasija,
la hermosa vasija que Juan fabricó.

Una vez que se secan sus vasijas de barro, Juan las pule antes de aplicarles la pintura.
Para pulir sus vasijas, Juan utiliza huesos de animales, piedras lisas e incluso frijoles secos.
Los huesos de animales son abundantes en la región debido a la caza de venado y al ganado
de rancho que forma parte de la alimentación del pueblo de Mata Ortiz. Las piedras lisas se
pueden encontrar en el río Palanganas, que corre en el extremo oriente del pueblo.
Y por supuesto que es fácil hallar frijoles secos en cualquier cocina del pueblo.

Ésta es la tortilla que será la base
y éste es el chorizo con que el cuerpo nace,
cuando la vasija se moldea un rato,
en un pestañear de mi amigo el gato,
y después gracias al hueso tallado,
se da a la vasija un buen terminado
y así los colores pintados a mano
con pinceles hechos de cabello humano,
embellecen la vasija que será admirada
una vez que al fuego haya sido horneada,
en las vivas llamas que nunca están fijas
que crepitan, titilan y cuecen la vasija,
la hermosa vasija que Juan fabricó.

Juan hace todas sus vasijas a mano. Comienza aplastando un trozo plano de barro que llama *tortilla*, y que se convierte en el fondo de la vasija. Luego enrolla otro pedazo de barro con forma de salchicha, al que llama *chorizo* y lo presiona sobre la orilla de la tortilla, adelgazándolo y levantándolo hasta transformarlo en las paredes de la vasija. Juan hace sus vasijas en un pequeño taller detrás de su casa, acompañado a menudo por sus gallinas y su gato.

Éste es el barro poroso y muy blanco
que con gran esfuerzo se extrae del barranco,
para la tortilla que será la base
y para el chorizo con que el cuerpo nace
de la vasija que se moldea en un rato,
en un pestañear de mi amigo el gato,
y después gracias al hueso tallado
se da a la vasija un buen terminado,
y así los colores pintados a mano
con pinceles hechos de cabello humano,
embellecen la vasija que será admirada
una vez que al fuego haya sido horneada,
en las vivas llamas que nunca están fijas
que crepitan, titilan y cuecen la vasija,
la hermosa vasija que Juan fabricó.

Juan dice que sus diseños pintados se ven mejor en el barro blanco que extrae con una pala en las montañas de la Sierra Madre cerca de Mata Ortiz. Usa los antiguos diseños de los alfarerosde Casas Grandes para inspirarse, pero no los copia. Juan nunca planea por anticipado el diseño. Deja que el patrón se desarrolle conforme lo pinta sobre la vasija de barro.

Éstas son hormigas que han mostrado a Juan
un filón que nace allí donde van,
barro extraordinario, poroso y muy blanco
que con gran esfuerzo se extrae del barranco
para la tortilla que será la base
y para el chorizo con que el cuerpo nace,
de la vasija que se moldea en un rato,
en un pestañear de mi amigo el gato,
y después gracias al hueso tallado
se da a la vasija un buen terminado
y así los colores pintados a mano
con pinceles hechos de cabello humano
embellecen la vasija que será admirada
una vez que al fuego haya sido horneada
en las vivas llamas que nunca están fijas
que crepitan, titilan y cuecen la vasija,
la hermosa vasija que Juan fabricó.

Un día, mientras Juan buscaba minerales y barro, observó a una colonia de
hormigas que llevaban minúsculas cargas de material blanco. Al mirarlas de cerca,
Juan se dio cuenta de que las hormigas transportaban pedacitos de barro del subsuelo
hacia la entrada exterior de su hormiguero. Entonces Juan excavó un agujero cerca del
hormiguero y descubrió un filón de barro blanco, el barro más fino que había visto en su vida.

Éste es el buen gallo que al amanecer
canta que ha llegado la hora del deber
para que Juan salga y se ponga a buscar
lo que necesita para trabajar:
rocas y ese barro poroso y muy blanco
que con gran esfuerzo se extrae del barranco,
para la tortilla que será la base
y para el chorizo con que el cuerpo nace,
de la vasija que se moldea en un rato,
en un pestañear de mi amigo el gato,
y después gracias al hueso tallado
se da a la vasija un buen terminado,
y así los colores pintados a mano
con pinceles hechos de cabello humano,
embellecen la vasija que será admirada
una vez que al fuego haya sido horneada,
en las vivas llamas que nunca están fijas
que crepitan, titilan y cuecen la vasija,

Juan regaló sus primeras vasijas a sus parientes y amigos. Hoy su trabajo se exhibe en museos y galerías de arte por todo el mundo. En 1999, el presidente de México, Ernesto Zedillo, entregó a Juan el Premio Nacional de Artes y Ciencias, el más alto honor para cualquier artista en México. El Papa Juan Pablo II recibió una vasija de Juan Quezada como regalo del pueblo de México. A pesar de su fama y riqueza lo que más aprecia Juan es el tiempo que pasa a solas explorando las colinas en los alrededores de Mata Ortiz en busca de minerales y barro. Si reina el silencio, dice Juan, todavía pueden oírse las voces de los antiguos alfareros.

la hermosa vasija que Juan fabricó.

EPÍLOGO

La historia de Juan Quezada está íntimamente ligada a la de su pueblo y su tierra. El ejido en el que vive, Mata Ortiz, se asienta en las altas y desprotegidas planicies del norte de Chihuahua, entre el río Palanganas y las estribaciones de la Sierra Madre en el norte de México. La historia de Mata Ortiz y sus alrededores es muy rica. La zona fue cuna de la civilización de Casas Grandes desde el siglo XI hasta el siglo XIV. Más tarde, los apaches ocuparon la región durante casi trescientos años aproximadamente. A fines del siglo XIX, las tropas mexicanas obligaron a los apaches a retirarse de esa parte de México. Granjeros mormones, provenientes de los Estados Unidos, emigraron hacia la región, e inmigrantes chinos y otros recién llegados comenzaron a instalarse en Mata Ortiz para trabajar en el ferrocarril.

MATA ORTIZ ACTUALMENTE

Durante la revolución mexicana, de 1910 a 1917, en esa zona hubo enfrentamientos entre los bandos opuestos que causaron la huida de muchas personas. Después de la revolución, Mata Ortiz fue residencia principalmente de trabajadores ferroviarios y de otros que encontraron empleo como jornaleros temporales en los huertos y empacadoras mormones. Los empleados de las granjas locales completaban su salario realizando trabajo agrícola en los Estados Unidos y criando unos cuantos animales en casa. Hasta la década de 1980 la vida era muy difícil y el ingreso familiar apenas alcanzaba para alimentar, vestir y educar a los niños de Mata Ortiz.

Actualmente, Mata Ortiz sigue siendo muy parecida a como era a principios de la década de los ochenta. Sigue habiendo burros por las calles polvorientas en que se alinean modestas casas de adobe y unos cuantos árboles que ofrecen sombra. Los niños juegan en las calles con los juguetes más sencillos mientras las mujeres los vigilan, quienes luchan permanentemente con el polvo armadas de escobas y cubetas de agua. Los viejos, que vuelven a pie de los campos cercanos con las herramientas de trabajo al hombro, no dan indicio alguno de la asombrosa transformación que ha sufrido Mata Ortiz.

En 1976, un antropólogo llamado Spencer MacCallum se topó con unas cuantas vasijas notables en una tienda de segunda mano en el sur de Nuevo México. MacCallum se interesó tanto por las piezas que viajó rumbo a México y terminó por encontrar al creador de las vasijas, Juan Quezada, en Mata Ortiz. Juan explicó al antropólogo visitante que él había hecho las vasijas utilizando sólo materiales naturales locales. Dijo a MacCallum que desde que había encontrado tepalcates antiguos cuando era niño, había sabido que podía hacer alfarería con los

JUAN QUEZADA
CON UNA DE SUS VASIJAS

recursos naturales de los alrededores de Mata Ortiz. Luego de veinte años de experimentos, había logrado recrear el primitivo proceso de alfarería del pueblo de Casas Grandes. Spencer McCallum animó al talentoso y joven artista a continuar con su trabajo mientras el antropólogo presentaba la alfarería de Juan a compradores de arte en los Estados Unidos. Motivado por un creciente interés y por el reconocimiento, Juan comenzó a producir más y mejores vasijas. Enseñó a sus parientes y vecinos a hacer lo mismo y contribuyó a transformar Mata Ortiz, de pueblo arruinado, en próspera comunidad de artistas reconocidos mundialmente.

Hoy, más de cuatrocientos artistas viven y trabajan en Mata Ortiz, un pueblo con sólo dos mil personas. Casi cada casa es hogar de al menos un alfarero y, en algunas viviendas, todos son artistas. Los estilos varían de alfarero a alfarero pero casi todos comparten el mismo proceso de artesano.

Juan desentierra el barro con pico y pala en las accidentadas faldas de las montañas que rodean el pueblo. Cuando vuelve a casa con una carga de barro, limpia el material remojándolo en

EXCAVA EL BARRO

LIMPIA EL BARRO

cubetas de agua durante varios días. Cuando el barro está lo suficientemente líquido como para verterlo, lo hace pasar por un tamiz de tela vieja. Luego deja reposar el fino barro líquido que fue colado a través del tamiz hasta que se endurece lo suficiente como para trabajarlo.

Juan comprime el barro limpio eliminando las burbujas de aire. Luego lo aplana hasta formar una tortilla, que coloca sobre un puki, un cuenco utilizado como base.

AÑADE EL CHORIZO

A continuación toma otro trozo de barro y lo amasa en forma de chorizo, que luego enrolla alrededor del extremo de la tortilla y lo trabaja meticulosamente, adelgazándolo y levantándolo

DA FORMA A LA VASIJA

hasta transformarlo en las paredes de la vasija y dándole forma. Finalmente la vasija es puesta a secar durante varios días hasta que esté lista para ser lijada y pulida.

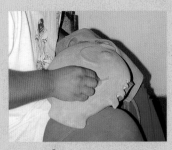
PULE LA VASIJA

Cuando la vasija está seca, Juan la saca del puki, restriega la superficie con papel lija (uno de los pocos materiales modernos que se permite) y luego la pule con una piedrita, un hueso de venado o un frijol. Se requiere de horas para dejar bien pulida una vasija, en ocasiones de días, a fin de que tenga una superficie lisa, parecida a la de un espejo, que sirva como "lienzo" para dibujar sobre ella.

PULVERIZA MINERALES
PARA LA PINTURA

La fluida danza de pintura sobre barro, tan característica de las piezas de alfarería de Juan, se consigue con un largo y delgado pincel elaborado con un mechón de cabello humano. La pintura se prepara a partir de minerales que se encuentran en minas abandonadas en las colinas que rodean el pueblo. Juan pulveriza los minerales en un metate. Luego mezcla el polvo de mineral con barro y agua para conseguir una pintura lechosa. Lenta y cuidadosamente aplica la pintura a las vasijas en diseños a menudo basados en los de los antiguos alfareros de Casas Grandes.

PINTA UNA VASIJA

Una vez que termina de realizar sus complicados diseños de curvas y cuadrículas, Juan cuece sus vasijas en estiércol de vaca o en corteza de álamo. Este combustible natural se apila alrededor de un quemador, que consiste en un cubo de barro invertido que cubre la vasija. Una vez que se enciende el fuego, el combustible se

APILA COMBUSTIBLE
ALREDEDOR DE UN QUEMADOR

UNA VASIJA ENFRIÁNDOSE

quema durante unos veinte minutos. A continuación se retiran los carbones y, luego de treinta minutos de enfriamiento, se aparta el quemador. Debe transcurrir otra media hora antes de que la vasija esté lo suficientemente fría al tacto. A menudo, llegado a ese punto, Juan coloca una vasija caliente en las manos de su nuevo propietario, un afortunado coleccionista que ha sido testigo de todo el proceso de cocido y enfriamiento.

Museos, galerías y amantes del arte de todo el mundo

reconocen la calidad del hermoso trabajo de alfarería de Mata Ortiz. Casi a diario hay coleccionistas de visita por el pueblo que van casa tras casa con la esperanza de llevar a su hogar una pieza inestimable. La gente de Mata Ortiz disfruta ahora de la seguridad que proporciona una economía local estable. Las simples casas de adobe cuentan con modernas cocinas, calentadores para los helados inviernos y baños con agua corriente fría y caliente. En muchos corrales traseros se ven lustrosas camionetas junto a los pollos y puercos.

UNA DE LAS SINGULARES
VASIJAS DE JUAN

JUAN QUEZADA

Al reflexionar sobre los cambios que el movimiento de arte ha traído a Mata Ortiz, Juan Quezada observa, con su característico entusiasmo, que "la gente del pueblo está feliz. Ya no tienen que dejar su hogar para encontrar trabajo. Su trabajo está aquí, con su familia". Añade además: "¡La

alfarería es tan importante! Para mí, la alfarería de todo el mundo es maravillosa pero especialmente cuando es producida en forma natural, en el estilo tradicional, como lo hacemos aquí en Mata Ortiz. Realmente creo que es eso lo que hace tan interesante nuestro trabajo de alfarería. Legaremos este trabajo a nuestros hijos y a nuestros nietos

JUAN ENSEÑA A SU
NIETO A HACER VASIJAS

para que sea su futuro, el futuro de Mata Ortiz. Tengo

OTRA DE LAS HERMOSAS
VASIJAS DE JUAN

la esperanza de que un día el pueblo tendrá un lindo museo de historia del arte aquí, en la vieja estación ferroviaria. Tendrá enormes árboles que proyectarán su sombra a todo alrededor, un lugar agradable para que la gente se siente en silencio a reflexionar sobre su propia vida y sobre el pasado, el presente y el futuro de nuestro pueblo".